재미있고 공부가 되는
메이저리그 전설의 투수

재미있고 공부가 되는

메이저리그
전설의 투수

사이 영 / 월터 존슨 / 놀란 라이언 / 그레그 매덕스 / 마리아노 리베라

글 · 그림 콘텐츠랩

책을 열며 .....

요즘 우리나라에서 가장 인기 있는 스포츠는 무엇일까요? 저마다 자기가 좋아하는 종목을 이야기할 수 있겠지만, 뭐니 뭐니 해도 야구가 최고라고 할 만합니다. 직접 운동장에 가서 프로야구를 즐기는 관중만 해도 1년에 600만 명 이상 되니까요.

그럼 야구가 처음 시작된 미국은 어떨까요? 미국은 프로야구의 규모와 시설 면에서 단연 세계 최고 수준입니다. 우리나라도 팬들의 열광은 미국 못지않지만, 프로야구 팀 수와 야구장 시설 면 등에서 비교가 불가능할 정도지요. 미국 프로야구를 일컫는 메이저리그는 양대 리그로 구성되어 있는데, 내셔널리그 소속 16개팀과 아메리칸리그 소속 14개 팀을 합쳐 모두 30개 구단으로 운영 중입니다. 미국 프로야구의 역사는 무려 140년이 넘지요.

이제 어린이 여러분이 이 책을 통해 만나게 될 야구 선수들은 바로 세계 최고 무대인 미국 메이저리그에서 활약한 5명의 투수들입니다. 하나같이 야구계의 전설로 평가받는 훌륭한 선수들이지요. 흔히 야구는 '투수 놀음'이라고 할 만큼 투수의 역할이 중요한데, 이들이 있어 당시 소속 구단은 강팀으로 자리 잡을 수 있었습니다.

 자, 그럼 이 책에 소개된 멋진 투수들을 만나볼까요?
아마도 이 책을 다 읽은 어린이 여러분은 친구들 사이에서 야구 박사로 통하게 될 것이 틀림없습니다.

월터 존슨 · 37

사이 영 · 9

화려함보다 꾸준함이 중요해
사이 영

도대체 '사이영 상'이 무엇이기에 수많은 야구팬들이 이처럼 기뻐했을까요?

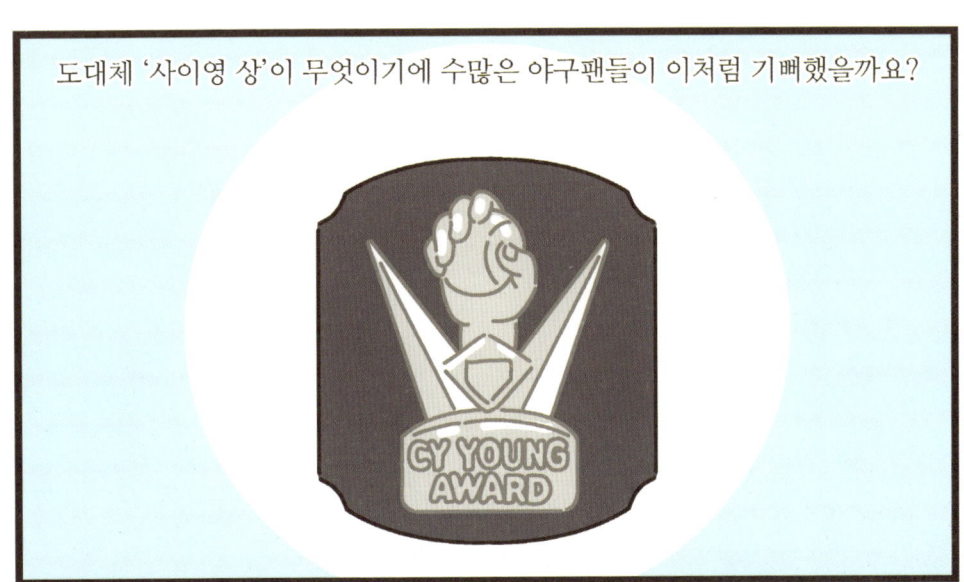

사이 영은 1890년 메이저리그에 데뷔한 투수였어요. 22년 동안 활동하며 무려 511승이나 올렸지요.

1955년, 그가 사망하자 메이저리그 사무국이 회의를 열었어요.

때마침 그 무렵 한 해 동안 최고의 활약을 펼친
투수에게 수여할 상을 만들려는 움직임이 있었지요.

이번에 제정하려는
상의 명칭을
'사이영 상'으로
하면 어떨까요?

흔히 투수들은 강속구를 던져
타자가 배트에 공을 맞히지도 못할 때 짜릿한 쾌감을 느껴요.
자기가 타자를 완전히 제압했다고 생각하기 때문이지요.

그런 점을 잘 아는 동료 선수는 종종 영이 이해되지 않았어요.

그제야 동료 선수는 영의 행동과 말이 이해됐어요.

영은 선발투수로서 되도록 많은 이닝을 던지기 위해 스스로 강속구를 아꼈던 거예요.

영은 22년 동안 선수 생활을 하면서
부상을 당해 경기에 나서지 못한 경우가 한 번도 없었어요.

그러니 511승이라는 기록에 걸맞게
메이저리그 역사상 가장 많은 이닝을 던진 기록을 갖고 있지요.

실력도 최고, 인품도 최고
월터 존슨

실제로 존슨이 기록한 110번의 완봉승 중에는 1 대 0 승리가 무려 38번이나 있어요.

정말로 존슨이 있으면 1점이면 충분했습니다. 1점만 내도 승리한다는 동료 선수들의 믿음은 결코 근거 없는 엉뚱한 소리가 아니었지요.

그래서였을까요, 드디어 기적처럼 행운의 여신이 존슨을 찾아왔어요.

1924년, 메이저리그의 대표적인 약체 팀 워싱턴 세너터스가 마침내 처음으로 월드시리즈에 진출한 것이지요.

드디어 나의 오랜 꿈이 이루어졌어!

내친 김에 꼭 우승하자!

존슨은 언제나 자신이 상대하는 타자들을 존중했어요.

존슨은 몸 쪽으로 공을 던질 때, 타자들이 부상을 당할 수도 있기 때문에 항상 주의를 기울여 던졌어요.

5,714번의 스트라이크 아웃
놀란 라이언

그도 그럴 것이, 그는 바로 탈삼진왕 놀란 라이언이었으니까요.

라이언이 투수로 활동하며 기록한 5714개의 통산 탈삼진 기록은 메이저리그 최고이며 당분간 깨질 가능성이 거의 없지요.

그 당시 뉴욕 메츠에는 톰 시버, 제리 쿠스먼 등 뛰어난 투수들이 많았기 때문에 라이언은 그 팀에서 좀처럼 기회를 잡지 못했어요.

어지간히 실력 발휘를 해서는 주목받기 어려운 환경이었어요.

드디어 기다리던 날, 놀란 라이언은 메이저리그 마운드에 처음 올랐어요.

하지만 결과는 기대만큼 빛나지 않았고 사람들은 그를 별로 주목하지 않았어요.

결국 뉴욕 메츠는 라이언을 트레이드 리스트에 올렸고

트레이드 리스트
라이언 놀란

1972년, 놀란 라이언은 캘리포니아 에인절스로 트레이드됐어요.

찰칵 찰칵

그해, 라이언은 무려 300개가 넘는 삼진을 잡아내며 모두를 놀라게 했어요.

다음 해엔 삼진 수가 더 늘면서, 팬들은 열광하기 시작했죠.

라이언은 무려 11번이나 탈삼진왕에 오르며, 전설이 되어갔어요.

라이언이 7번째 노히트노런을 기록한 것 역시 그의 나이 44살 때였어요.

그날 그가 마지막으로 상대한 타자는 로베르토 알로마라는 젊은 선수였지요.

그 경기 후, 신문에는 더욱 재미있는 기사가 실렸어요.

놀란 라이언의 첫 번째 노히트노런
도우미 샌디 알로마, 그의 아들이
7번째 노히트노런의 마지막 도우미가 되다!

그 기사를 본 사람들은 별난 인연에 신기해했어요.

한 치의 오차도 없이 정확히
그레그 매덕스

그 후 매덕스는 선수 생활 내내 메더 코치의 가르침을 잊지 않으려고 노력했어요.

20살 때 시카고 컵스의 지명을 받게 된 것도 그 덕분이었지요.

그렇게 재능을 인정받은 매덕스는 소망하던 메이저리거가 됐어요.

하지만 메이저리그는 절대로 만만하지 않았어요. 평소 생각과 달리 어깨에 잔뜩 힘이 들어간 매덕스는 경기마다 5~6점씩 예사로 내주는 평범한 성적을 거뒀지요. 크게 낙담한 매덕스는 얼굴에서 웃음기가 사라졌어요.

그랬어요. 매덕스는 투수의 꽃이라고 할 수 있는 삼진 아웃을 잡기 위해 자신의 장점을 깜박깜박 잊고는 했어요.

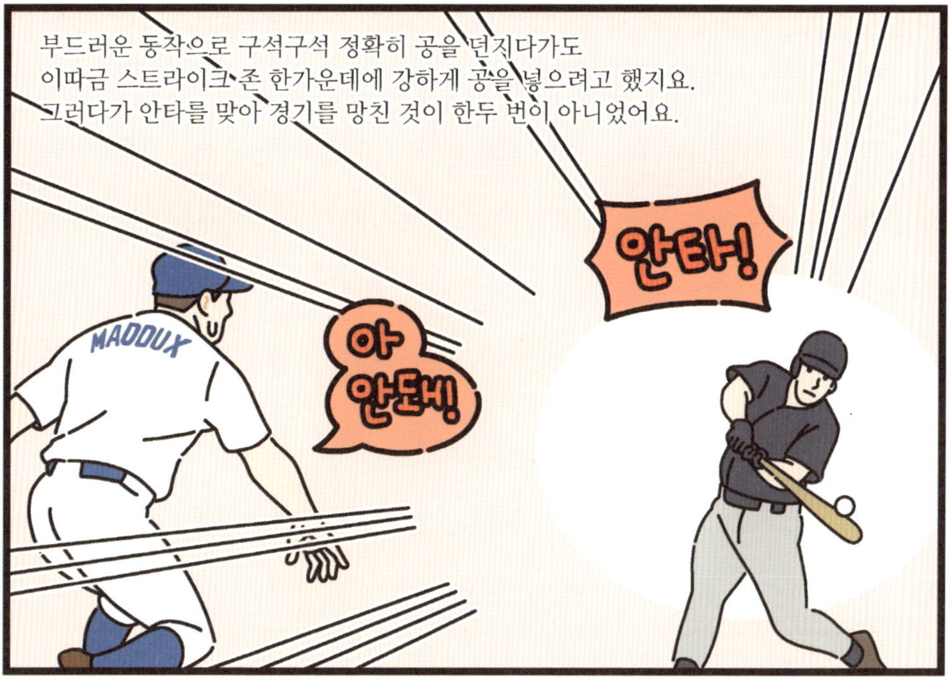

부드러운 동작으로 구석구석 정확히 공을 던지다가도
이따금 스트라이크 존 한가운데에 강하게 공을 넣으려고 했지요.
그러다가 안타를 맞아 경기를 망친 것이 한두 번이 아니었어요.

결국 투수 코치의 충고는 어린 시절 메더의 가르침과 같았지요.

그 날 이후, 매덕스는 과욕을 부리는 법이 없었어요.

아무리 큰 위기가 닥치고 관중들이 환호를 해도
자신의 스타일대로 침착하게 공을 던졌지요.

그렇게 매덕스는 최고 투수에 대한 선입견을 바꿨어요.

매덕스! 매덕스!

남다른 강속구가 없어도 성공할 수 있다는 희망을 심어주었지요.

나도 매덕스처럼 될 거야!

뉴욕 양키스의 뒷문은 내게 맡겨
마리아노 리베라

여느 날처럼 한국 프로 야구 경기가 열렸어요.
어느덧 9회 말이 되었고, 양 팀의 득점은 '3 대 2'였지요.

앞선 팀이 9회 말 수비를 실점 없이 막아내면
그대로 경기가 끝나는 상황이었어요.

새로 등장한 마무리투수의 공에 상대 팀 타자들은 전혀 맥을 못 췄어요.

헛스윙

큼방 스리 아웃이 되었고, 경기는 그냥 3 대 2로 끝났습니다.

기쁨 환희

하지만 그는 20살이 될 때까지 마냥 배를 탈 수밖에 없었지요.

당시 리베라는 야구 시합을 할 때면 대부분 유격수를 맡았어요.
발이 빨라 웬만큼 까다로운 공은 척척 잡아냈지요.

리베라는 미국으로 간다는 생각에 잔뜩 가슴이 부풀었어요. 드디어 고기잡이 대신 야구를 할 수 있게 되었으니까요.

그러나 사실 리베라에 대한 뉴욕 양키스 스카우트의 기대는 크지 않았어요.

그런 리베라에게 겨우 기회가 찾아온 것은 25살 때였어요.

워낙 열심히 연습해왔기 때문에 메이저리그 타자들도 그의 공을 쉽게 쳐내지는 못했지요.

좋아! 이제 경험만 좀 더 쌓으면 나도 머지않아 선발투수 자리를 차지할 수 있을 거야.

헛스윙!

그 말에 리베라는 마음이 싱숭생숭했어요. 한창 선발투수의 꿈을 키우고 있는데, 갑자기 마무리투수라니요.

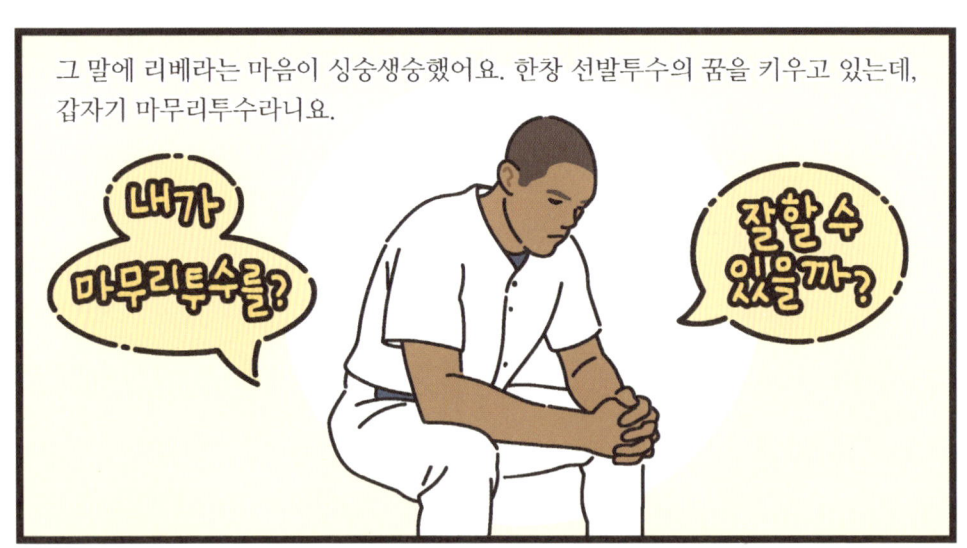

그렇다고 어쩌겠어요? 신출내기 메이저리거가 자기 고집만 내세울 수는 없었어요. 리베라는 결국 마무리투수로 첫 걸음을 내딛게 되었어요.

그 모습을 본 선수들은 어처구니없어 하며 리베라에게 '배트 파괴자'라는 별명을 붙여주었지요.

그는 한 시즌에 타자들의 배트를 44개나 부러뜨리기도 했어요.

재미있고 공부가 되는
메이저리그 전설의 투수

사이 영 / 월터 존슨 / 놀란 라이언 / 그레그 매덕스 / 마리아노 리베라

초판 인쇄 2025년 10월 25일
초판 발행 2025년 10월 29일

지은이 콘텐츠랩
펴낸이 진수진
펴낸곳 혜민BOOKS

주소 경기도 고양시 일산서구 일산동 1093
출판등록 2013년 5월 30일 제2013-000078호
전화 031-911-3416
팩스 031-911-3417

* 본 도서는 무단 복제 및 전재를 법으로 금합니다.
* 가격은 표지 뒷면에 표기되어 있습니다.